Pettersson und Findus™

Das große Bastelbuch

XENOS

ISBN 3-8212-2743-5

© 2003 TV-Loonland AG, Happy Life Animation AB and
AB Svensk Filmindustri
All rights reserved
Lizenz durch TV-Loonland AG, München
Verantwortlich für diese Ausgabe:
XENOS Verlagsgesellschaft mbH,
Am Hehsel 40, 22339 Hamburg
Gestaltung: Velte Design + Illustration,
Margret Bernard, Hamburg
Printed in Italy

Pettersson™ und Findus

Das große Bastelbuch

Text und Idee: Bettina Grabis

Illustration: Margret Bernard

Liebe Bastler!

Pettersson und Findus verbringen viel Zeit in ihrer Werkstatt.
Ständig fällt ihnen etwas Neues ein, das sie basteln könnten: einen Nistkasten,
ein Wasserrad, ein Windmessgerät, einen Drachen, eine Sonnenuhr und vieles mehr.
Ihre pfiffigsten Ideen stellen sie dir auf den nächsten Seiten vor. Damit du alles
ganz einfach nachbasteln kannst, wird Schritt für Schritt erklärt und mit Hilfe von
Bildern gezeigt, wie es gemacht wird. So kann bestimmt nichts schief gehen!
Außerdem haben sich Pettersson und Findus einige lustige Rätsel und
Knobelaufgaben ausgedacht, die darauf warten, von dir gelöst zu werden.

Viel Spaß beim Basteln und Raten
wünschen dir

Pettersson & Findus

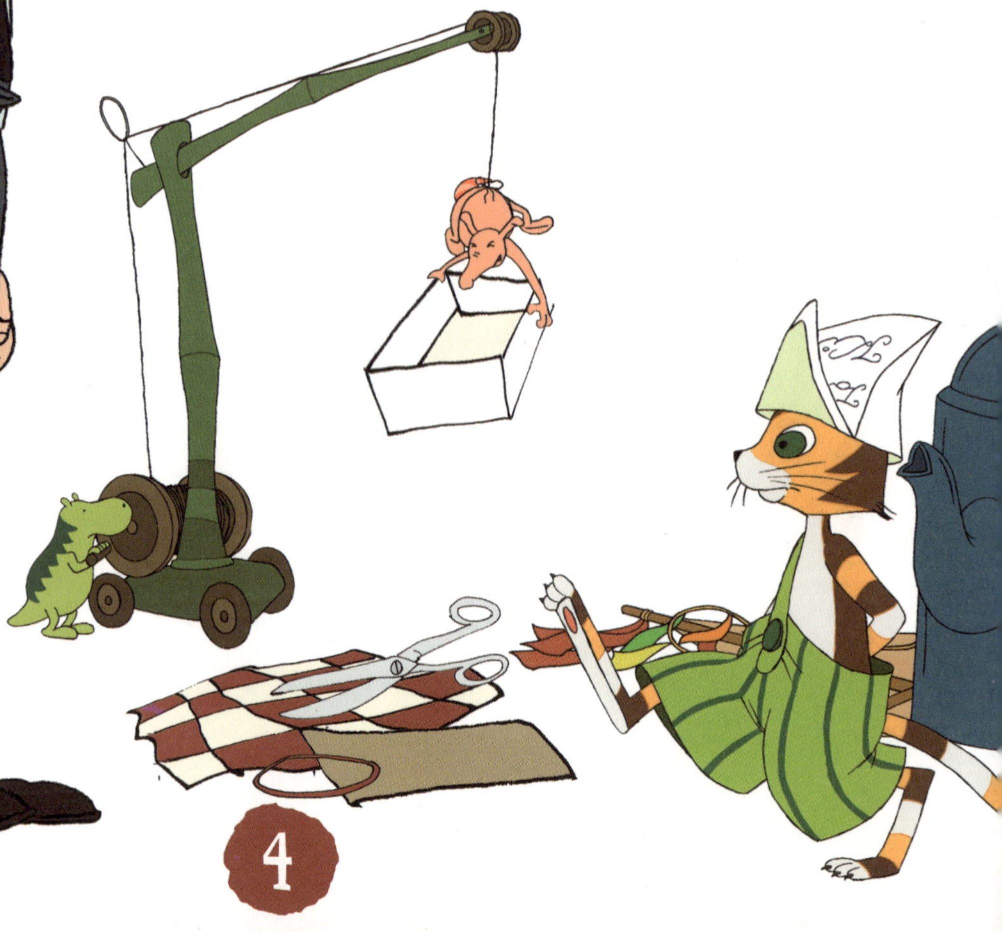

Inhalt

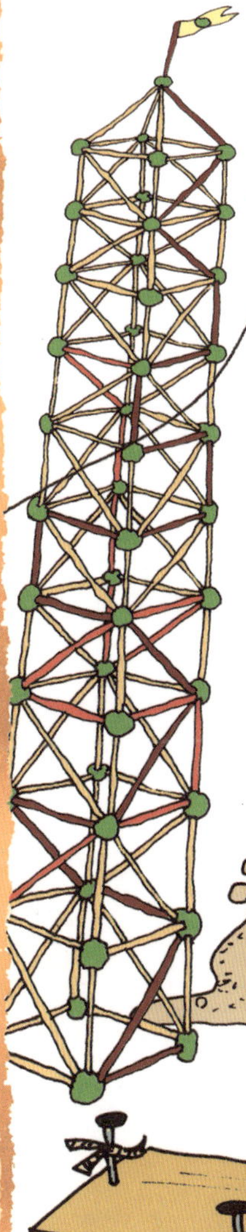

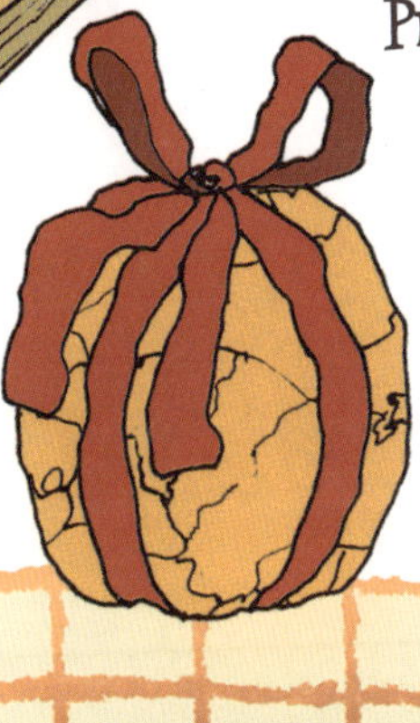

Kleine Tipps für große Bastler

Bei Pettersson und Findus gibt es immer etwas zu werkeln.
Damit die beiden jederzeit loslegen können, haben sie sich eine große Bastelkiste angelegt. In der sammeln sie und bewahren alles auf, was irgendwann einmal nützlich sein könnte. Das solltest du auch tun.

Zum Wegwerfen viel zu schade

Zum Basteln kannst du beinahe alles gebrauchen, sogar Dinge, die normalerweise in den Abfalleimer wandern. Zum Beispiel:

Stoffreste – Holzstöckchen – Jogurtbecher – Papprollen – Korken – Kartons – Dosen – Draht – Schachteln – Pappe – Wollreste – Kronkorken – Zeitungen – Steine

Wichtige Utensilien für die Bastelwerkstatt

Natürlich dürfen auch folgende Utensilien in deiner Grundausstattung nicht fehlen:

Lineal – Kinder-Sicherheitsschere – Pinsel – Bleistift – Buntstifte – Filzstifte – Wasserfarben – Radiergummi – Hefter – Klebeband – Klebstoff – Schnüre – Kordel – Gummiringe – Büroklammern

Die kleine Hobby-Werkstatt

Neben einigen Geräten brauchst du auch einen geeigneten Arbeitsplatz.
Ein großer Tisch wäre toll! Denke aber unbedingt daran, die Tischplatte
mit Zeitungspapier oder einem abwaschbaren Tischtuch abzudecken.
Denn: „Wo gehobelt wird, da fallen Späne!"
Am besten leihst du dir zum Werkeln eine alte Schürze oder einen Arbeitskittel
von deinen Eltern aus. Sicher ist sicher! Wäre doch schade, wenn du deine Kleidung
mit Farb- oder Klebstoffflecken beschmutzen würdest.

Findus' Bastelecke

Findus hat alle wichtigen Bastelutensilien vor sich auf dem Tisch ausgebreitet. Na ja, fast alle,
denn ein Teil hat er vergessen. Weißt du welches?

Lösung: Der Radiergummi fehlt.

7

Ein Nistplatz für Vögel

Im Frühjahr beobachten Pettersson und Findus die fleißigen Vögel bei der Arbeit. Diese sammeln eifrig Gras, Moos, Federn und kleine Zweige, um daraus ihre Nester zu bauen. Weil es oft nicht genug geeignete Nistplätze für alle gibt, wollen Pettersson und Findus ihren gefiederten Freunden helfen. Dazu bauen sie einen Nistkasten.

Materialliste

- Fichten- oder Tannenholzbrett
- Stichsäge
- Schmirgelpapier
- 2 Scharniere
- Holzleim
- Bleistift
- Nägel
- Schrauben
- Hammer

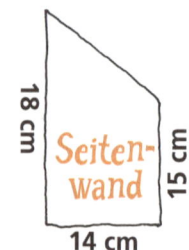

Deckel — 17 cm × 17 cm

Rückwand — 28 cm × 19 cm

Seitenwand — 15 cm / 18 cm / 14 cm

Seitenwand — 18 cm / 15 cm / 14 cm

Vorderwand — 15 cm × 15 cm

Boden — 14 cm × 14 cm

1. Zuerst sägst du die sechs Einzelteile für das Häuschen aus dem Holzbrett aus. Die Maße entnimmst du dem nebenstehenden Plan.

2. Anschließend sägst du ein Loch in eine der beiden Seitenwände. Es sollte einen Durchmesser von 3 bis 4 cm haben. Schmirgele die Kanten schön glatt, damit keine Splitter abstehen.

3. Markiere auf der Rückwand mit Bleistift, wo die Seitenteile und der Boden angebracht werden, und fixiere die drei Teile mit Holzleim und lasse sie trocknen.

4. Anschließend klebst du die Vorderwand auf die Seitenwände und den Boden.

5. Befestige die Scharniere mit kleinen Schrauben am Deckel und bringe diesen dann über den Seitenwänden an der Rückwand an.

6. Zu guter Letzt brauchst du den Nistkasten nur noch aufzuhängen.

Um die Vögel vor neugierigen und vor allem vor hungrigen Besuchern zu schützen, solltest du den Nistkasten in einer Höhe von mindestens 2 bis 3 Metern mit einem Nagel aufhängen. Bitte einen Erwachsenen, dies für dich zu tun.

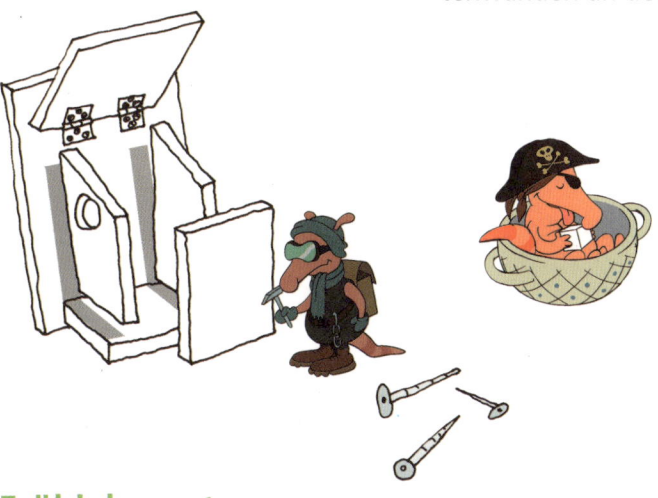

Frühjahrsputz

Nach der Brutsaison solltest du den Nistkasten unbedingt reinigen. Oft hausen Flöhe und Milben in den alten Nestern. Dazu entfernst du den kompletten Inhalt und bürstest den Kasten gründlich aus. Verwende aber auf keinen Fall Reinigungsmittel. Damit würdest du deinen gefiederten Freunden nur schaden.

Bitte unbedingt einen Erwachsenen, dir bei dieser Bastelaufgabe zu helfen!

Guck mal!

Auf den ersten Blick sehen alle Vögel gleich aus. Das sind sie aber nicht! Einer unterscheidet sich von allen anderen. Welcher?

1

2

3

4

5

Lösung: Vogel 4.

Ein Futterhäuschen für die Vögel

Wenn es draußen kalt wird und es in der Natur nur noch wenig Essbares zu finden gibt, freuen sich die kleinen Piepmätze über eine leckere Mahlzeit. Deshalb möchte Findus für sie ein Futterhäuschen aufhängen. Pettersson zeigt ihm, wie man aus einem leeren Milchkarton im Handumdrehen eine tolle Futterstelle für Vögel basteln kann.

Materialliste

- leerer Milchkarton (Tetrapack)
- Schere
- Locher
- Stück Schnur
- wasserfeste Acrylfarbe
- Vogelkörner
- Pinsel

1. Bevor du die Milchschachtel bearbeitest, spülst du sie sorgfältig mit warmem Wasser aus. Achte darauf, dass keine Milchreste mehr in der Schachtel kleben. Anschließend lässt du sie geöffnet trocknen.

2. Dann schneidest du in die Vorder- und Rückseite je ein großes Fenster. Schneide nur die Seiten und die oberen Ränder ein, so dass du die Fenster nach unten aufklappen kannst.

3. Die beiden Klappen kürzt du mit der Schere so, dass jeweils nur noch eine schmale Lasche stehen bleibt. Darauf können die Vögel später sitzen.

4. In den oberen Verschluss-
rand des Milchkartons knipst
du mit dem Locher ein Loch.
Durch dieses Loch ziehst du
ein Stück Schnur, an dem du
das Futterhäuschen aufhängst.
Die Schnur sollte so lang sein,
dass du sie um einen Ast
binden kannst.

5. Wenn du magst, kannst du
das Häuschen rundherum mit
wasserfester Acrylfarbe anmalen.
Lass die Farbe gut trocknen.

6. Gib eine Hand voll Vogelkörner in das Futterhäuschen
und hänge es in sicherer Höhe
an einem Baum oder auf dem
Balkon auf. Es dauert sicher
nicht lange, bis die ersten
hungrigen Vögel da sind.

Vogeltränke nicht vergessen!
Vor allem im Sommer freuen sich die Vögel über eine Erfrischung.
Deshalb stellt Findus ihnen immer eine flache Schüssel mit Wasser
in den Garten.

Leckeres für die Vögel
Welche der abgebildeten Dinge solltest du Vögeln auf keinen Fall als Futter anbieten?
Streiche sie durch.

Lösung: Bonbon und Lutscher.

Die Sonnenuhr

„Wie haben die Menschen eigentlich die Zeit gemessen,
als es noch keine Uhren gab?", möchte Findus wissen.
„Zum Beispiel mit Hilfe der Sonne", erklärt ihm Pettersson.
„Mit der Sonne? Können wir das auch?", fragt Findus
weiter. „Klar! Wenn du möchtest, können wir uns
eine Sonnenuhr basteln", schlägt Pettersson vor.
Findus ist natürlich begeistert.

Materialliste

- Blumentopf
- langes Holzstöckchen
- Knetmasse
- Filzstift

1. Um eine Sonnenuhr einzurichten, brauchst du vor allen Dingen einen sonnigen Tag, denn Wolken am Himmel würden stören. Suche dir gleich am frühen Morgen, am besten noch vor 8.00 Uhr, einen sonnigen Platz im Freien. Dort stellst du den Blumentopf mit der Öffnung nach unten auf den Boden.

2. Das Holzstöckchen steckst du in das kleine Loch im Boden des Topfes. Da der Stab aufrecht stehen muss und nicht wackeln darf, füllst du das Loch mit etwas Knetmasse aus. So sitzt das Stöckchen richtig fest.

3. Steht die Sonnenuhr stabil, wartest du bis zur nächsten vollen Stunde. Angenommen, auf deiner Armbanduhr ist es 8.00 Uhr, dann machst du am Rand des Topfbodens an der Stelle, auf die der Schatten des Stabes gerade fällt, mit Filzstift einen Strich. Darunter schreibst du eine 8. So weißt du später, für welche Uhrzeit diese Markierung steht.

Diesen Vorgang wiederholst du nun jede volle Stunde, bis du 12 Stunden markiert hast. Das war's auch schon. Von nun an kannst du an jedem Sonnentag die Uhrzeit von deiner Sonnenuhr ablesen!

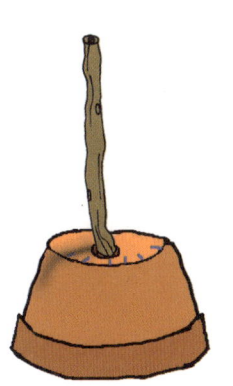

Schattenspielerei

Nanu, den Mucklas sind die Schatten weggelaufen. Weißt du, wem welcher gehört? Verbinde jeden Muckla durch eine Linie mit seinem Schatten.

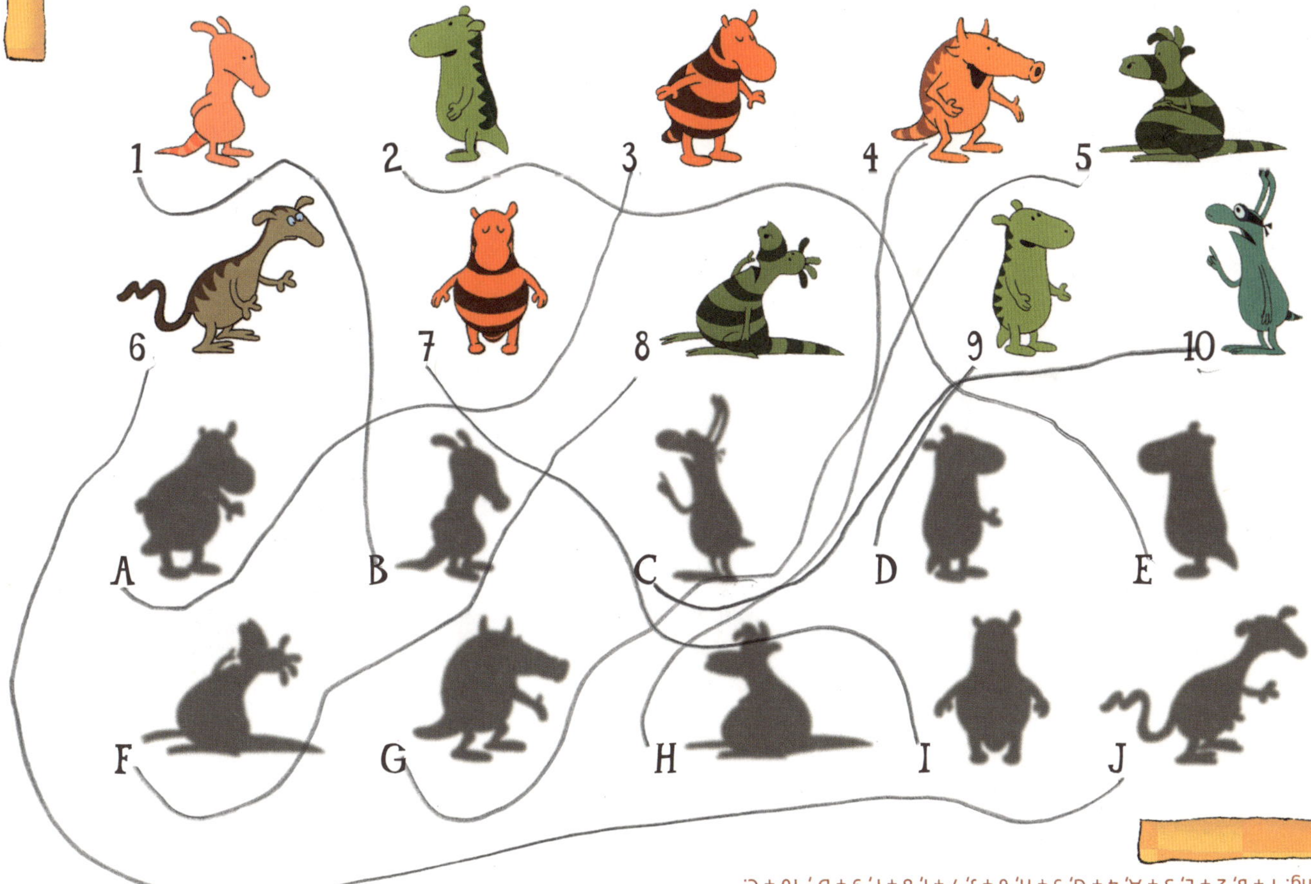

1　　2　　3　　4　　5

6　　7　　8　　9　　10

A　　B　　C　　D　　E

F　　G　　H　　I　　J

Lösung: 1 + B; 2 + E; 3 + A; 4 + G; 5 + H; 6 + J; 7 + I; 8 + F; 9 + D; 10 + C.

13

Pettersson baut einen Drachen

Materialliste

- Bleistift und Maßband
- 2 Holzstäbe (5 mm dick und 60 cm lang)
- 1 m Angelschnur
- 55 m Drachenschnur
- Stecknadeln
- festes Transparentpapier (70 x 70 cm)
- Schere und Klebstoff
- feines farbiges Transparentpapier
- 1 kleiner Metallring
- 1 dicker Holzstock (20 cm lang)
- Lineal/Maßband

Wenn im Herbst die ersten Winde übers Land fegen,
ist es für Pettersson höchste Zeit, einen Drachen zu bauen.
Folge ihm in die Werkstatt und bastle gleich mit.

1. Zuerst setzt du den Rahmen zusammen. Dazu nimmst du einen der beiden langen Holzstäbe und bringst 20 cm von dessen einem Ende entfernt eine Markierung an. Der zweite Holzstab erhält in der Mitte eine Markierung.

2. Lege die beiden Stäbe so zu einem Kreuz übereinander, dass die beiden markierten Stellen aufeinander treffen. Binde sie mit der Angelschnur fest zusammen.

4. Von dort aus ziehst du die Schnur straff um alle Enden des Kreuzes herum und befestigst sie ebenfalls mit Stecknadeln. Am Ausgangspunkt angekommen, fixierst du die Schnur mit der ersten Stecknadel. Die überschüssige Schnur bildet den Schwanz des Drachens.

3. Schneide von der Drachenschnur 5 m ab und befestige ein Ende davon mit einer Stecknadel am unteren Ende des Kreuzes.

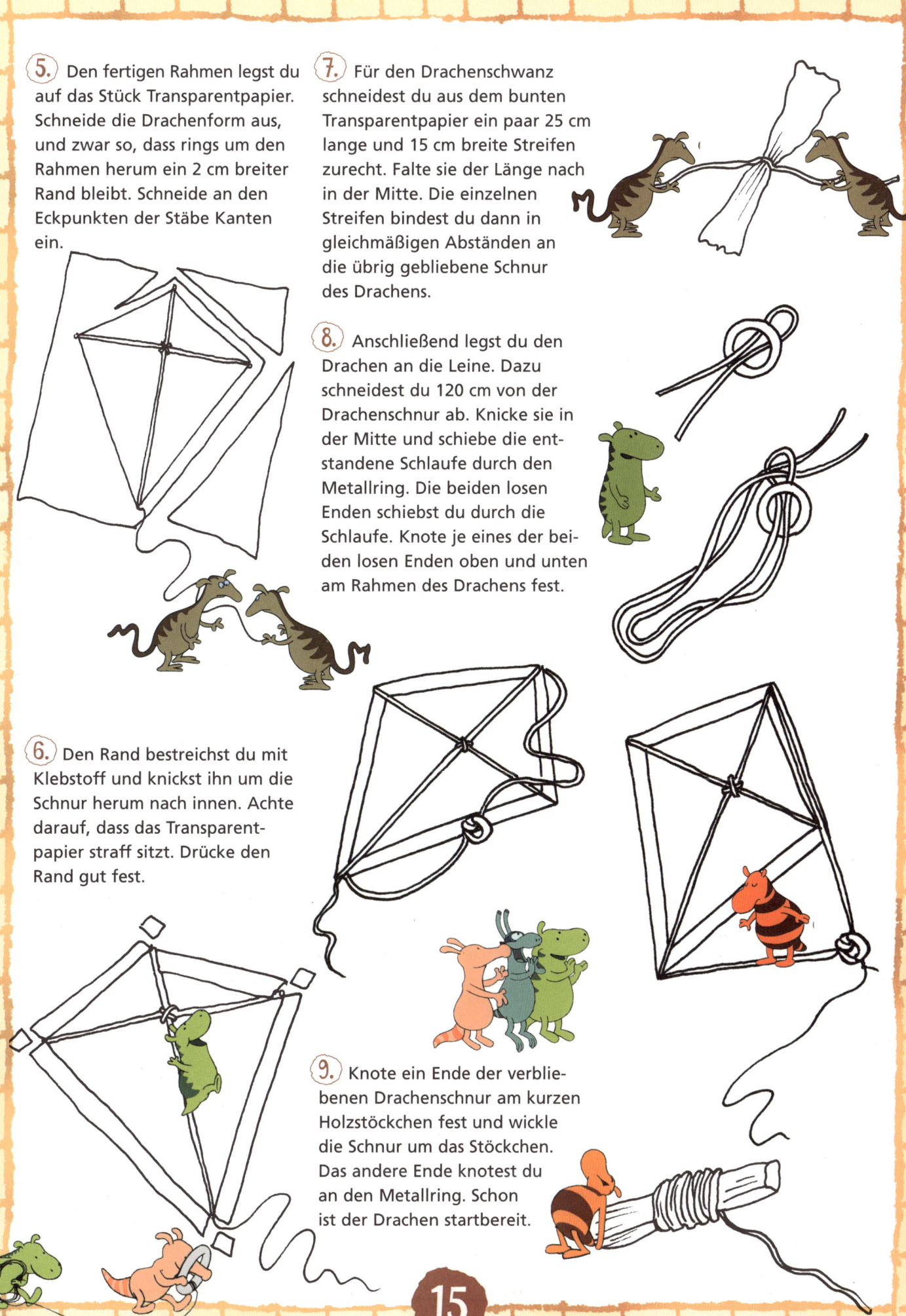

5. Den fertigen Rahmen legst du auf das Stück Transparentpapier. Schneide die Drachenform aus, und zwar so, dass rings um den Rahmen herum ein 2 cm breiter Rand bleibt. Schneide an den Eckpunkten der Stäbe Kanten ein.

6. Den Rand bestreichst du mit Klebstoff und knickst ihn um die Schnur herum nach innen. Achte darauf, dass das Transparentpapier straff sitzt. Drücke den Rand gut fest.

7. Für den Drachenschwanz schneidest du aus dem bunten Transparentpapier ein paar 25 cm lange und 15 cm breite Streifen zurecht. Falte sie der Länge nach in der Mitte. Die einzelnen Streifen bindest du dann in gleichmäßigen Abständen an die übrig gebliebene Schnur des Drachens.

8. Anschließend legst du den Drachen an die Leine. Dazu schneidest du 120 cm von der Drachenschnur ab. Knicke sie in der Mitte und schiebe die entstandene Schlaufe durch den Metallring. Die beiden losen Enden schiebst du durch die Schlaufe. Knote je eines der beiden losen Enden oben und unten am Rahmen des Drachens fest.

9. Knote ein Ende der verbliebenen Drachenschnur am kurzen Holzstöckchen fest und wickle die Schnur um das Stöckchen. Das andere Ende knotest du an den Metallring. Schon ist der Drachen startbereit.

Findus lässt den Drachen steigen

Einen Drachen kannst du nicht immer und überall steigen lassen. Findus verrät dir die vier wichtigsten Regeln, die du als Drachenpilot unbedingt beachten solltest!

Regel 1
Suche dir zum Drachen steigen lassen eine Stelle, wo ringsum genügend Platz ist. Halte ausreichend Abstand zur nächsten Straße, damit du den Verkehr nicht gefährdest. Bäume, große Sträucher und Leitungsdrähte sind böse Drachenfallen. Ideal ist deshalb ein freies Feld.

Regel 2
Lasse den Drachen niemals in der Nähe von Stromleitungen steigen. Das ist lebensgefährlich!

Regel 3
In der Nähe von Flugplätzen ist das Steigenlassen von Drachen aus Sicherheitsgründen streng verboten!

Regel 4
Warte für deine Flugversuche einen windigen, aber klaren Tag ab. Kommt ein Gewitter auf, musst du den Drachen sofort vom Himmel holen!

So lässt du den Drachen steigen

Wickle einige Meter Schnur ab und bitte einen Freund oder Erwachsenen, den Drachen an der gespannten Schnur hochzuhalten. Während du gegen den Wind losläufst, gibt dein Helfer den Drachen frei. Sobald der Wind den Drachen erfasst, wickelst du die Schnur nach und nach ab. Schon steigt der Drachen höher und höher. Wenns nicht gleich klappt, denk daran: Übung macht den Meister!

Das Drachenwettfliegen

Die Mucklas lassen ihre Drachen steigen. Plötzlich wirbelt ein heftiger Windstoß alle Schnüre durcheinander. Weißt du trotzdem, wessen Drachen am höchsten steht?

1 2 3 4 5

Lösung: Drachen von Muckla 3

17

Petterssons Windmessgerät

Als Findus mit seinem Drachen von der Wiese zurückkommt, findet er Pettersson in der Werkstatt. Eifrig werkelt der dort herum.
„Was machst du da?", fragt Findus neugierig.
„Ich bastele ein Anemometer", antwortet Pettersson.
„Und was ist so ein Ane ... Anemo-dings?", möchte Findus wissen. „Ein Windmessgerät!"
- „Oh, toll! Da helfe ich gleich mit!", ruft Findus.

Materialliste
- fester Karton
- Schere
- Klebstoff
- 4 Pappbecher
- wasserfeste Acrylfarbe
- Pinsel
- Hefter
- Krepppapier
- Abdeckband
- fester Draht
- Zange
- Lineal

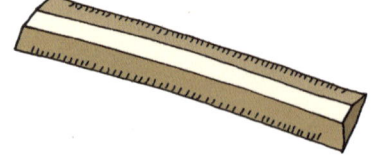

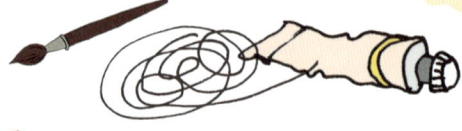

1. Schneide aus dem Karton zwei 30 cm lange und 3 cm breite Streifen aus. Lege die beiden Streifen zu einem Kreuz übereinander, klebe sie zusammen und lass sie trocknen.

3. Von dem Krepppapier schneidest du 15 cm lange Streifen ab und befestigst jeweils 3 davon mit Abdeckband am Boden der Becher.

4. Die fertigen Becher klammerst du dann mit dem Hefter an das Pappkreuz, und zwar an jedes Ende einen Becher.

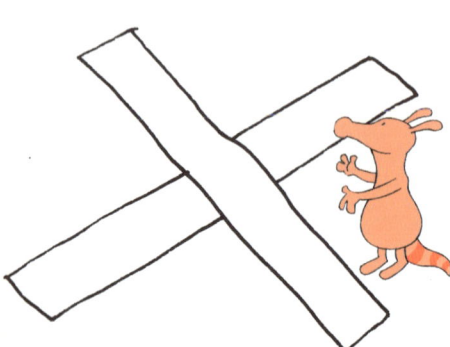

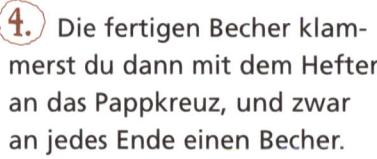

5. Knipse mit der Zange von dem festen Draht ein 25 cm langes Stück ab.

2. Male die Pappbecher von außen mit wasserfester Acrylfarbe bunt an.

6. 5 cm von einem der beiden Enden entfernt umwickelst du den Draht mehrmals mit Abdeckband, sodass ein dicker Pfropfen entsteht.

7. Dann bohrst du ein kleines Loch in die Mitte des Pappkreuzes und schiebst den Draht so weit hindurch, dass es auf dem Pfropfen aufliegt. Das andere Ende des Drahtes drückst du in die Erde.

Um herauszufinden, wie windig es draußen ist, brauchst du jetzt nur noch deinen Windmesser zu beobachten. Je schneller sich das Becherkreuz dreht, desto kräftiger bläst der Wind!

Wenn der Wind bläst

Die Mucklas wollten Dinge zusammentragen, die im Wind fliegen. Einer von ihnen hat sich allerdings vertan. Welches der Dinge, die die Mucklas angeschleppt haben, gehört hier nicht hin?

Lösung: Der Anker.

Zelten wie die Indianer

Richtige Naturfreunde wie Pettersson und Findus schlagen ihr Lager hin und wieder gern mal im Freien auf. Diesmal möchte Findus ein Tipi im Garten bauen – ganz nach Indianerart. Pettersson hilft ihm dabei.

Materialliste

- 8 lange Äste oder Bambus-stöcke (aus dem Baumarkt) – je mindestens 20 cm
- Kordel
- alte Laken oder Decken
- Sicherheitsnadeln

1. Binde die acht Äste oder Bambusstöcke an einem Ende mit einer festen Kordel stabil zusammen. Die freien Enden ziehst du auseinander, bohrst sie in einem Kreis in die Erde und fixierst so das Tipi.

2. Anschließend legst du ein paar Laken oder Decken um die aufgestellten Stangen und steckst sie mit Sicherheitsnadeln fest. An einer Seite schließt du die Decken nur bis zur Mitte, sodass eine ausreichend große Öffnung bleibt. Hier kannst du dann rein- und rauskriechen.

Das Lagerfeuer

Nachdem Pettersson und Findus ihr Zelt aufgebaut haben, wollen sie am Abend auch an einem kleinen, knisternden Lagerfeuer sitzen. Weil offenes Feuer aber nicht ganz ungefährlich ist, gibt es ein paar Regeln, die man unbedingt beachten muss.

Zunächst brauchst du einen geeigneten Platz für ein Lagerfeuer. Am besten wäre ein mit Kies oder Sand bedeckter Boden. Sammle ein paar große Steine und lege sie um die Feuerstelle herum. Die Fläche sollte nicht größer als ein Fahrradreifen sein. In die Mitte gibst du trockene Zweige und zerkleinerte Äste. Mit etwas Papier, das du unter das Holz legst, lässt sich das Feuer dann schnell entfachen.

Ganz wichtige Sicherheitshinweise!

1. Ein Feuer darf nur von einem Erwachsenen entfacht werden!

2. Feuer ist nicht zum Spielen da!

3. Ein Feuer darf nie unbeaufsichtigt bleiben.

4. Brauchst du das Feuer nicht mehr, muss es richtig gelöscht werden. Gieße dazu ausreichend Wasser darüber. Erst wenn die ganze Feuerstelle kalt und garantiert kein Funke mehr übrig ist, kannst du den Platz ruhigen Gewissens verlassen!

Bitte unbedingt einen Erwachsenen, dir zu helfen!

Wo stecken sie?

Einige Mucklas haben sich hier im Bild versteckt. Wie viele kannst du entdecken?

Lösung: 6 Mucklas.

Pettersson baut ein Wasserrad

Pettersson und Findus wollen den Tag am Fluss verbringen. Schon ganz früh am Morgen haben sie sich mit ihrem Angelzeug auf den Weg gemacht. Doch heute steht nicht nur Fischen auf dem Plan. Die beiden haben sich vorgenommen, an einem kleinen Zulauf ein Wasserrad zu bauen. Bevor sie damit beginnen, sammeln sie passende Äste. Die brauchst du auch, wenn du mitmachen möchtest.

Materialliste

- 2 kurze Äste oder Stöcke (15 cm lang, 1 bis 2 cm dick)
- 1 langer Ast oder Stock (30 cm lang, 3 bis 4 cm dick)
- 2 Astgabeln
- Taschenmesser

1. Flache die Enden der beiden kurzen Aststücke mit einem Taschenmesser ab. Damit hast du die Schaufeln für dein Wasserrad.

Bitte unbedingt einen Erwachsenen, dir beim Schnitzen und Bohren zu helfen!

2. Den längeren Ast durchbohrst du in der Mitte mit dem Taschenmesser zweimal so, dass die Schaufeln, die du anschließend durch die Öffnungen schiebst, über Kreuz stehen. Die beiden Bohrlöcher dürfen nicht zu weit ausfallen, sonst rutschen die Schaufeln durch.

3. Nun steckst du die beiden Astgabeln an einer geeigneten Stelle parallel zur Fließrichtung ins flache Wasser und legst die Achse des Wasserrades in die Gabeln. Schon beginnt es sich munter zu drehen.

Eine Hängebrücke für die Mucklas

Da es für Mucklas keine Läden gibt, in denen sie kaufen können, was sie so brauchen, bauen sie sich alles selbst. Erstaunlich, wie gewitzt die kleinen Tierchen das machen!

Materialliste
- kleine Äste
- Kordel
- Taschenmesser

1. Sammle einige Äste mit derselben Dicke und schneide sie in gleich lange Stücke.

2. Binde ein Ende der Kordel zu einem einfachen, offenen Knoten, schiebe ihn über das Ende eines der Aststücke und ziehe ihn fest zu. Binde ein Stück daneben den nächsten offenen Knoten.

So reihst du ein Aststück an das andere, bis die Hängebrücke die gewünschte Länge hat.

3. Anschließend verbindest du die Aststücke am anderen Ende auf dieselbe Weise miteinander. Wenn du die Abstände zwischen den einzelnen Hölzern etwas größer machst, erhältst du eine Strickleiter zum Aufhängen.

Ein Muckla kommt selten allein

Hier wimmelt es nur so von Mucklas. Wie viele kannst du im Bild entdecken?

Lösung: 11 Mucklas

Eine Lupe für Unterwasserforscher

Findus ist ein begeisterter Naturforscher. Er liebt es, in einem Bach oder Teich auf Entdeckungsreise zu gehen. Um unter Wasser möglichst viel von der Tier- und Pflanzenwelt sehen zu können, benutzt er eine Unterwasserlupe. Die hat er sich mit ein paar Handgriffen selbst gebastelt.

Materialliste
- leere Konservendose
- Klebeband
- durchsichtige Plastikfolie
- Gummiband oder Schnur
- Dosenöffner

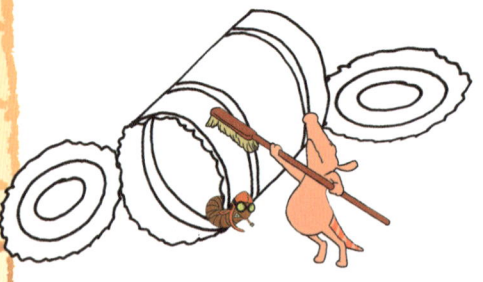 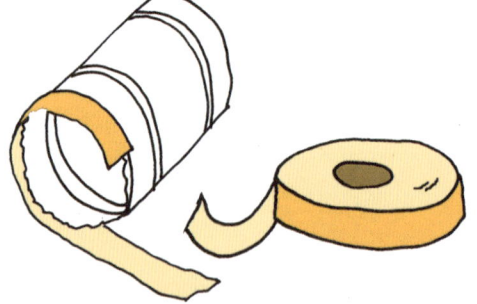 

1. Zunächst einmal benötigst du ein stabiles Blechrohr. Das fertigst du dir aus der leeren, sauberen Konservendose an, indem du den Boden mit einem Dosenöffner entfernst. Die scharfen Dosenränder deckst du sorgfältig mit Klebeband ab. Achtung, nicht schneiden!

2. Dann spannst du die Plastikfolie über eine Öffnung des Rohrs. Ziehe sie straff und befestige sie mit einem Gummiband oder einer Schnur so, dass kein Wasser in das Rohr eindringen kann.

3. Drückst du die Unterwasserlupe nun mit der bespannten Seite ins Wasser, wölbt sich die Folie durch den Wasserdruck nach innen. Dadurch wird sie zu einer Art Vergrößerungsglas. Lege einen kleinen Gegenstand ins Wasser und betrachte ihn durch deine Lupe. Du wirst staunen!

Bitte unbedingt einen Erwachsenen, dir bei dieser Bastelaufgabe zu helfen!

Ein Blick unter Wasser

Sieh nur, welche Lebewesen Findus mit seiner Unterwasserlupe entdeckt hat.
Natürlich hat Pettersson ihm später einiges über diese Winzlinge erzählt.
Und Findus verrät dir gerne, was er alles über sie erfahren hat.

Wasserfloh

Wasserflöhe sind Kleinkrebse, die sich halb hüpfend, halb schwimmend im Wasser bewegen. Auch wenn ihr Name es vermuten lässt: Sie sind nicht mit Flöhen verwandt. Ein Wasserfloh kann bis zu 4 mm lang werden.

Hüpferling

Hüpferlinge zählen ebenfalls zu den Krebstierchen. Sie sind in pflanzenreichen, stehenden Gewässern zu Hause. Ihren Namen verdanken sie ihrer plötzlichen Bewegung, die an ein Hüpfen erinnert. Ihre Körperlänge beträgt 2 bis 3 mm.

Napfschnecke

Die Napfschnecke lebt in Flüssen und im Meer. Mit ihrem so genannten Fuß kann sie sich so an Steinen festsaugen, dass selbst starke Strömungen sie nicht wegreißen können. Napfschnecken gehören zur Gruppe der Weichtiere.

Auf der Suche nach Schnecken

Unter Wasser wimmelt es nur so von kleinen Tierchen. Wie viele Schnecken kannst du entdecken?

Lösung: 7 Schnecken.

25

Sandfiguren zum Mitnehmen

Pettersson und Findus machen einen Ausflug zum Strand. Vergnügt sitzt Findus im feuchten Sand und formt Tiere, Burgen und Figuren. Doch dann fällt ihm ein, dass er seine tollen Kunstwerke später zurücklassen muss. Das gefällt dem Kater ganz und gar nicht. Da verrät ihm Pettersson einen Trick, wie er Sandgebilde transportfähig machen kann. Das interessiert dich bestimmt auch.

Materialliste
- 2 Becher Sand
- 1 Becher Speisestärke (aus dem Supermarkt)
- 1 Teelöffel pulverisierte Tonerde (aus der Drogerie)
- 3/4 Becher Wasser
- alter Topf
- Kochlöffel
- Zeitungspapier
- farbloser Lack
- Pinsel

1. Mische den Sand, die Speisestärke, die Tonerde und das Wasser in einem alten Topf zusammen.

2. Die Mischung kochst du unter ständigem Rühren bei niedriger Temperatur, bis sie zu einer richtig dicken Masse geworden ist. Lasse sie auskühlen.

3. Nachdem sie erkaltet ist, kannst du die sandige Modelliermasse in Form bringen. Lege die Arbeitsfläche mit Zeitungspapier aus, bevor du damit beginnst, eine kleine Burg, Tiere, Figuren oder was dir sonst noch einfällt, zu modellieren.

4. Ist dein Kunstwerk fertig, stellst du es an einem sicheren Ort auf Zeitungspapier und lässt es dort bei Zimmertemperatur einige Tage trocknen.

5. Sobald die Sandfigur fest und trocken ist, überpinselst du sie mit farblosem Lack. Dadurch wird sie haltbar.

Im Doppelpack

Eine Figur hat Findus zweimal geformt. Welche?

Der Frosch

Findus geht auf Spurensuche

Als Pettersson und Findus im Hühnerstall Eier suchen, entdeckt der Kater Fußspuren von Tieren im feuchten Boden. „Trittsiegel nennt man solche Spuren, die von Tieren hinterlassen werden", erklärt Pettersson und verrät Findus, wie man solch einen Abdruck mit nach Hause nehmen kann.

Materialliste
- fester Karton
- Hefter
- Wasser
- Plastikschüssel
- Gips
- Holzstab
- Lineal
- Kerze

1. Hast du einen deutlich erkennbaren Fußabdruck im Boden entdeckt, fertigst du als Erstes eine Pappmanschette an. Dazu schneidest du aus dem Karton einen langen, 3 cm breiten Streifen aus. Den formst du zu einem Ring, der so groß ist, dass er den Fußabdruck locker umschließt. Die überlappenden Enden des Streifens tackerst du mit dem Hefter zusammen.

2. Die fertige Manschette legst du um den Fußabdruck herum und drückst sie vorsichtig in die Erde.

3. Nun füllst du etwas Wasser in eine Plastikschüssel und gibst nach und nach Gips hinzu. Rühre dabei kräftig um. Sobald die Masse breiig ist, füllst du damit die Manschette bis zum oberen Rand.

Spurendetektiv

Findus hat eine Reihe von interessanten Spuren am Boden entdeckt. Nun würde er gerne wissen, von welchen Tieren die Abdrücke stammen. Kannst du es ihm verraten? Verbinde jedes Tier mit der dazugehörigen Spur.

1
2
3
4
5
6

A
B
C
D
E
F

4. Die Füllmasse braucht nun einige Stunden zum Trocknen. Ist der Gips schließlich völlig erhärtet, kannst du die Manschette entfernen und die Form behutsam vom Boden ablösen. Damit hast du ein Negativ des Trittsiegels.

5. Dieses Negativ kannst du auch als Form für das Positiv des Trittsiegels verwenden. Dazu reibst du den Gipsabdruck rundherum mit dem Boden einer Kerze ein. Drücke kräftig drauf, damit das Wachs am Abdruck hängen bleibt. Dann legst du eine 6 cm hohe Pappmanschette um den Abdruck. Gießt du diese nun ebenfalls mit Gips aus, hast du nach dem Trocknen einen Positiv-Abdruck.

Bitte unbedingt einen Erwachsenen, dir bei dieser Bastelaufgabe zu helfen!

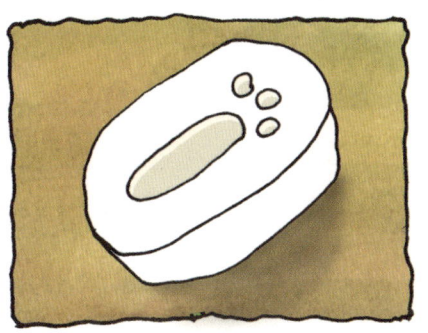

Findus' Kirschkernschleuder

Wenn Pettersson und Findus im Sommer im Garten sitzen und Kirschen futtern, spucken sie hin und wieder mit den Kirschkernen um die Wette. Da Pettersson meistens gewinnt, hat Findus sich etwas Pfiffiges einfallen lassen: Er baut sich eine Kirschkernschleuder!

Materialliste
- Holzbrett (20 x 15 cm)
- 3 Nägel
- Einmachgummi
- Stück Schnur
- Schere
- Kirschkerne
- dünner Karton
- Bunt- oder Filzstifte

1. Schlage vorsichtig die drei Nägel, wie auf der Zeichnung zu sehen, fest in das Holzbrett und hänge den Einmachgummi ein.

2. Knote das eine Ende der Schnur an den Gummiring. Das andere legst du um den dritten Nagel und spannst damit das Gummi. Binde die Schnur am Nagel fest.

3. Lege einen Kirschkern in die Schlaufe des gespannten Gummis und schneide die Schnur mit der Schere durch. Wuusscchh – der Kern geht ab wie eine Rakete!

Pass aber unbedingt auf, dass niemand im Weg steht!

Bitte unbedingt einen Erwachsenen, dir bei dieser Bastelaufgabe zu helfen!

Die Kirschkernschleuder kannst du auch für ein spannendes Spiel verwenden.
Aber bevor es losgeht, stehen noch ein paar kleine Bastelarbeiten auf dem Programm.
Denn du brauchst dafür 6 bis 8 Pappbäume, und die machst du so:

1. Zeichne ein paar Bäume auf dünnen Karton und male sie mit Bunt- oder Filzstiften bunt aus. Lasse dabei Platz für einen Falz, wie auf der Zeichnung.

2. Anschließend schneidest du die Bäume aus und biegst sie am Falz um, damit sie selbstständig stehen können.

So wird gespielt:

Verteile die Bäume an einem Ende eines Tisches und postiere dich mit der Kirschkernschleuder am anderen Ende. Nun versuchst du, mit Kirschkernen einen Baum nach dem anderen vom Tisch zu fegen. Hast du keine Kirschkerne zur Hand, kannst du auch getrocknete Erbsen oder etwas Ähnliches nehmen.

Achte unbedingt darauf, dass dir niemand in der Bahn steht!

Weitflugwettbewerb

Die Mucklas nutzen Findus' Erfindung als Weitflugmaschine. Gleich drei Mucklas lassen sich durch die Luft befördern. Wer von ihnen fliegt am weitesten?

1

2

3

Ein Wächter für die Saat

Kaum hat Pettersson Sonnenblumenkerne gesät, taucht auch schon ein Schwarm Vögel auf und macht sich begierig über die leckeren Kerne her. „Wir brauchen eine Vogelscheuche!", sagt Pettersson und macht sich gemeinsam mit Findus gleich an die Arbeit.

Materialliste

- 2 m langer, dicker Stock
- 1 m langer, dicker Stock
- Hammer und Nägel
- Jutesack
- Stroh für Kopf, Rumpf und Beine
- Schnur
- wasserfester, dicker Filzstift
- altes Hemd
- alte Hose
- alter Sonnenhut

Bitte unbedingt einen Erwachsenen, dir bei dieser Bastelaufgabe zu helfen!

1. Die beiden Stöcke legst du zu einem Kreuz übereinander und nagelst sie zusammen. Um der Verbindung sicheren Halt zu geben, umwickelst du sie stramm mit einem Stück Schnur. Das fertige Kreuz steckst du an einer passenden Stelle in die Erde.

2. Für den Kopf zeichnest du dem Jutesack ein Gesicht auf. Dann bindest du die oberen Ecken mit Schnur zusammen und füllst den Sack mit Stroh.

3. Den Kopf setzt du – mit der Öffnung nach unten – oben auf das Kreuz, sodass die Spitze des Kreuzes im Stroh steckt. Die Öffnung des Sacks bindest du mit Schnur um den Stock herum zu. Fehlt nur noch der Hut zum fertigen Kopf.

Kleine Unterschiede

Fünf Unterschiede haben sich bei der Vogelscheuche rechts eingeschlichen. Findest du sie?

Lösung: Hut, Knopf, linker Arm, Gürtel und rechtes Hosenbein.

4. Nun nimmst du die Hose, bindest die offenen Beinenden zu und stopfst sie von oben mit Stroh aus, bis sie prall gefüllt ist.

5. Um die Hose am Kreuz zu befestigen, fädelst du eine Schnur durch die Gürtelschlaufen und bindest die Hose damit fest.

6. Anschließend ziehst du das Hemd über den Querstock, knöpfst es zu und polsterst es ebenfalls gut mit Stroh aus. Damit das Stroh nicht wieder herausrutschen kann, bindest du alle Öffnungen mit Schnur zu. Na, wie sieht dein Vogelschreck aus? Zum Fürchten? Dann kann er sofort seinen Dienst antreten.

Findus bastelt eine Blumenpresse

„Im Sommer blühen so viele schöne Blumen, aber im Winter bekomme ich nichts als Eiszapfen und Schnee zu sehen!", beschwert sich Findus. „Dann bastle dir doch eine Blumenpresse! Damit kannst du dir den Sommer einfangen und für den Winter aufbewahren!", meint Pettersson. Tolle Idee, denkt Findus, und macht sich sofort ans Werk.

Materialliste

- 2 Sperrholzplatten (DIN A5)
- 4 Flachrundschrauben (10 cm lang)
- 4 Flügelmuttern
- 4 passende Unterlegscheiben
- Wellpappe
- Löschpapier
- Schmirgelpapier
- Bohrmaschine
- Schere
- Blütenblätter
- Blumen

1. Schleife die Kanten der Sperrholzplatten mit Schmirgelpapier glatt.
Bitte anschließend einen Erwachsenen, für dich mit der Bohrmaschine in jede Ecke der beiden Holzplatten ein Loch zu bohren.

2. Dann schneidest du die Pappe und das Löschpapier auf das Format der Holzplatten zu. Schneide außerdem alle Ecken so ab, dass die Löcher in den Holzplatten frei bleiben, wenn du Papier und Pappe darauf legst.

3. Nun brauchst du die Blumenpresse nur noch zusammenzuschrauben. Und das geht so: Stecke die Flachrundschrauben von unten in eine der beiden Sperrholzplatten. Auf die Platte legst du pro Schicht 1 Bogen Pappe, 2 Blätter Löschpapier und 1 Bogen Pappe. Zwischen die beiden Löschpapierblätter kommen die Blüten und Blätter, die du pressen willst. Hast du mehr zu pressen, kannst du mehrere Schichten aufeinanderstapeln.

4. Zum Schluss legst du die zweite Sperrholzplatte obenauf, schiebst die Unterlegscheiben über die Schraubenenden, setzt die Flügelmuttern darauf und drehst sie fest. Mit den gepressten Blumen und Blättern kannst du dann beispielsweise Dosen dekorieren, Grußkarten schmücken oder Memorykarten basteln.

Bitte unbedingt einen Erwachsenen, dir bei dieser Bastelaufgabe zu helfen!

Blumen-Memory

Findus hat in seiner Blumenpresse eine ganze Menge Blüten und Blätter gepresst. Nun möchte er daraus ein Memoryspiel basteln. Das ist ganz einfach!

Materialliste
- gepresste Blumen und Blätter
- fester Karton
- Schere
- selbstklebende Klarsichtfolie
- Lineal

1. Sammle von verschiedenen Blüten und Blättern je zwei Stück einer Sorte und presse sie in deiner Blumenpresse.

2. Schneide aus dem Karton entsprechend viele Quadrate im Format 6 x 6 cm aus. Auf jedes der Kärtchen legst du eine gepresste Blüte oder ein Blatt.

3. Anschließend überziehst du die Kärtchen mit der selbstklebenden Klarsichtfolie und schneidest die überstehenden Ränder sauber ab.

Gespielt wird nach den üblichen Memory-Regeln. Wer zwei gleiche Blumen- oder Blätterkarten aufdeckt, darf das Pärchen an sich nehmen. Wer am Ende die meisten Kartenpaare vorweisen kann, hat gewonnen!

Pärchensuche

Jeweils zwei Karten bilden ein Paar. Wenn du alle Pärchen miteinander verbindest, bleibt eine Karte übrig. Welche ist es?

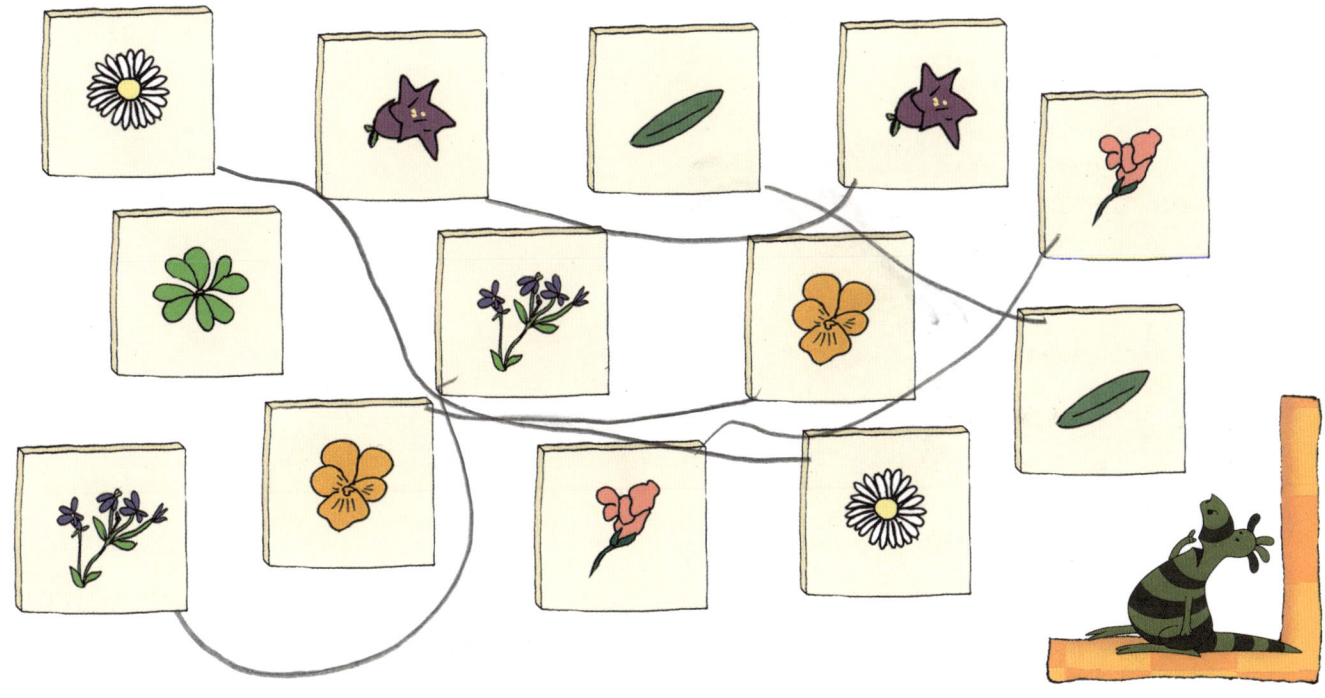

Lösung: Die Karte mit dem Kleeblatt.

Ein Regenmacher für Findus

„Puuh – ist das heiß!", stöhnt Findus. Seit Tagen zeigt das Thermometer schon über 30 Grad Celsius an. Der Boden im Gemüsebeet sieht bereits ziemlich ausgetrocknet aus. „Wenn der Regen nicht von selber kommt, müssen wir ihn eben rufen!", meint Pettersson. „Und wie sollen wir das anstellen?", fragt Findus erstaunt. „So wie die Indianer das früher gemacht haben: mit einem Regenmacher!"

Materialliste
- Versandrolle aus Pappe mit Deckel
- Hammer
- Nägel
- Reiskörner, Sand und kleine Steinchen
- Klebeband
- bunte Klebefolie
- Baumwollfäden

1. Zuerst klopfst du ein paar Nägel mit einem Hammer ringsherum so in die Papprolle, dass sie bis zum Kopf darin verschwinden.
Dann füllst du je eine Hand voll Reiskörner, Sand und kleine Steinchen in die Rolle. Setze den Deckel darauf und umklebe ihn gut mit Klebeband, damit es später keine Reiskörner und Steinchen regnet.

2. Anschließend kannst du die Rolle verzieren. Dazu beklebst du sie rundherum mit der bunten Klebefolie.
Zu guter Letzt bindest du noch ein selbst geflochtenes Bändchen aus Baumwollfäden um eines der Enden.

3. Wenn du den Regenmacher nun kräftig schüttelst, klingt es, als würden Regentropfen an die Scheibe prasseln. Und wenn du das lange genug machst, regnet es. Das kann allerdings dauern. Natürlich kannst du mit dem Regenmacher nicht nur Regen herbeirufen, sondern auch wunderbar musizieren.

Bitte unbedingt einen Erwachsenen, dir bei dieser Bastelaufgabe zu helfen!

Eine Rassel für Pettersson

Als Pettersson den tollen Klang von Findus' Regenmacher hört, würde er gerne sofort mitmusizieren. „Ein Instrument muss her!", denkt er sich. Da fällt ihm auch schon eines ein, das sich im Handumdrehen basteln lässt: eine Rassel.

Materialliste
- Kordel
- 8 bis 10 Kronkorken
- Bohrer

Bitte unbedingt einen Erwachsenen, dir zu helfen!

1. In die Mitte jedes Kronkorkens muss zunächst ein kleines Loch gebohrt werden.

2. Die gelochten Kronkorken fädelst du dann auf ein Stück Kordel. Nun brauchst du die losen Kordelenden nur noch miteinander zu verknoten, schon ist die Rassel fertig. Schlinge sie dir um das Handgelenk und schüttele sie. Viel Spaß beim Musizieren!

Das Regenlied
Die Mucklas wollen ein bekanntes Regenlied singen. Leider haben sie den Text völlig durcheinander gebracht. Kannst du die einzelnen Teile wieder in die richtige Reihenfolge bringen?

uns das?

wird nass.

Es regnet,

was schadet

Wir sitzen

es regnet,

im Trocknen

der Kuckuck

Lösung: Es regnet, es regnet, der Kuckuck wird nass. Wir sitzen im Trocknen, was schadet uns das?

Petterssons Steinfiguren

Findus hat sich ein neues Hobby zugelegt: Er sammelt
Kieselsteine in allen möglichen Größen und Formen.
Als Pettersson den Riesenhaufen Steine sieht, kommt ihm
eine Idee. Er bastelt daraus Steinfiguren.

Materialliste
- Kieselsteine
- Steinkleber
- Plakafarbe
- Klarlack
- Pinsel

1. Bevor du mit den Kieseln,
die du gesammelt hast, arbeiten
kannst, müssen sie gründlich
gewaschen werden und anschließend gut trocknen. Dann kann
es losgehen!

2. Wie wäre es mit einer
Steinschildkröte? Dafür brauchst
du einen großen, ovalen Stein
für den Körper, einen kleineren
für den Kopf, vier noch kleinere
für die Beine und einen Winzling
für das Schwänzchen.

3. Klebe die Steine mit dem
Steinkleber so zusammen, dass
sie eine Schildkröte bilden und
stelle die Figur zum Trocknen.

4. Anschließend malst du die
Schildkröte mit Plakafarbe bunt
an. Nachdem die Farbe getrocknet ist, lackierst du die Figur mit
etwas Klarlack, den du ebenfalls
gut trocken lässt.
Wie wäre es als Nächstes mit
einer Raupe, einem Fisch oder
einem Bär?

Lustige Taschenkäfer

Natürlich möchte Findus auch Steine bemalen!
Dafür sucht er sich ein paar kleine, flache Kieselsteine aus.
Die will er in lustige Steinkäfer für die Hosentasche
verwandeln.

Materialliste
- Kieselsteine (in der Größe eines 2-Euro-Stücks)
- Bleistift
- Plakafarbe
- Klarlack
- Pinsel

1. Wasche die Steine gründlich ab und lasse sie trocknen, sonst hält die Farbe nachher nicht.

2. Sobald die Steine trocken sind, nimmst du den ersten zur Hand und malst mit Bleistift einen Käfer darauf.

3. Wenn du damit zufrieden bist, malst du den Käfer mit Farbe aus und lässt ihn trocknen. Zum Schluss bringst du den Steinkäfer mit Klarlack auf Hochglanz. Fertig!

Versammlung der Käfer

Auf den ersten Blick sehen alle Käfer gleich aus. Das sind sie aber nicht.
Einer von ihnen unterscheidet sich von allen anderen. Welcher?

1
2
3
4
5
6
7
8
9

Lösung: Käfer 6.

39

Das Tangram

Pettersson mag Denkspiele und Puzzles. Das alte chinesische Legespiel Tangram ist beides zugleich. Bei diesem Spiel geht es darum, aus sieben Teilen, den Tans, immer wieder neue Figuren zu legen. Doch bevor er sich ans Puzzeln machen kann, braucht Pettersson erst einmal die sieben Tans. Und die bastelt er so:

Materialliste
- fester Karton
- Lineal
- Bleistift
- Schere

1. Zeichne mit Bleistift und Lineal ein 16 x 16 cm großes Quadrat auf den Karton. Unterteile dieses Quadrat dann in 16 kleine Quadrate von je 4 x 4 cm. Sie dienen als Hilfslinien.

2. Nun unterteilst du das große Quadrat so, wie es auf der Zeichnung durch die roten Linien gezeigt ist.

3. Anschließend schneidest du die sieben Tans sauber aus.

4. Aus diesen Teilen kannst du nun die verschiedensten Figuren legen. Das können Menschen, Tiere oder Gegenstände sein. Wichtig ist dabei, dass jede Figur immer aus allen sieben Tans besteht.

Pettersson hat hier ein paar Figuren gelegt. Versuche doch einmal, sie nachzulegen. Decke dazu aber die untere Hälfte der Seite mit den Lösungen ab, sonst verdirbst du dir selbst den Spaß! Anschließend kannst du dir eigene Figuren ausdenken. Möglichkeiten gibt es viele. Bis heute sind etwa 1600 verschiedene Formen bekannt.

Rate mal!

Erkennst du, welche Figuren Pettersson aus den Tans gelegt hat?

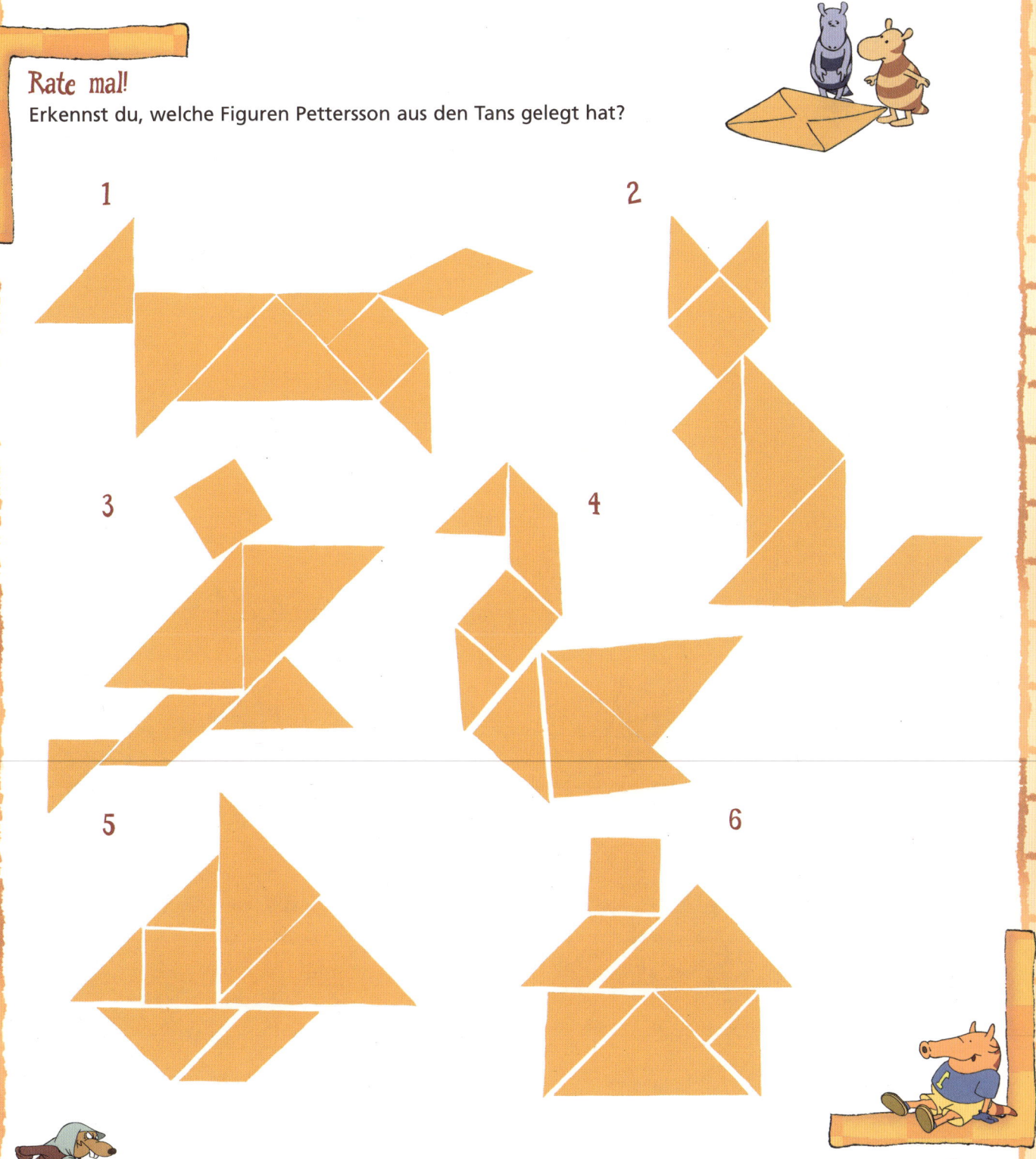

1

2

3

4

5

6

Lösung: 1. Hund, 2. Katze, 3. Läufer, 4. Schwan, 5. Segelschiff, 6. Haus.

41

Der Erbsenturm

Dicke Regentropfen prasseln ans Fenster. Wie schade, denn für heute hatten Pettersson und Findus eine Radtour geplant. „Dann bauen wir eben einen großen Turm!", sagt Pettersson und stellt eine Dose Erbsen sowie eine Packung Zahnstocher auf den Tisch. „Aus Erbsen?", wundert sich Findus. Als er zusieht, wie Pettersson das macht, kommt er ganz schön ins Staunen!

Materialliste
- Dose Erbsen
- Dosenöffner
- Zahnstocher
- Sieb
- Schüssel

1. Bitte einen Erwachsenen, dir eine Dose Erbsen zu öffnen. Gib die Erbsen in ein Sieb und lasse sie abtropfen. Anschließend schüttest du sie in eine Schüssel.

2. Nimm einen Zahnstocher und pikse auf jedes Ende eine Erbse. Nun kannst du die nächsten Zahnstocher in allen Richtungen ansetzen. Die Erbsen dienen immer als Verbindungsstücke. So lassen sich die tollsten Dinge bauen: ein Turm, eine Brücke, eine Pyramide oder ein Haus.

Wettklettern
Zwei Mucklas veranstalten ein Wettklettern. Folge den Linien der beiden und finde heraus, wer von ihnen als Erster die Turmspitze erreicht.

1

2

Lösung: Muckla 2.

Petterssons Dosenlaterne

Als Findus die leere Erbsendose in die Werkstatt bringen will, hält Pettersson ihn zurück. „Daraus basteln wir eine tolle Laterne", sagt er. Findus schaut ihn mit großen Kateraugen an: eine Laterne, wie schön! Hast du die leere Dose auch noch zur Hand, kannst du es ihnen gleich nachmachen.

Materialliste

- Leere Blechdose
- Hammer
- Nagel
- Teelicht
- Geschirrtuch

1. Entferne das Etikett von der Dose, wasche sie gründlich aus und reibe sie trocken (Vorsicht mit der scharfen Kante!). Anschließend füllst du sie mit kaltem Wasser und stellst sie in den Tiefkühlschrank oder ins Gefrierfach.

2. Sobald das Wasser zu Eis gefroren ist, kannst du die Konservendose herausnehmen und auf ein Handtuch legen. Dann schlägst du mit Nagel und Hammer rings um die Dose Löcher ins Blech. Durch die Eisfüllung kann sich die Dose dabei nicht verformen.

3. Nachdem du die Dose rundherum mit einem hübschen Lochmuster versehen hast, entfernst du das inzwischen etwas getaute Eis und reibst die Dose trocken.
Wenn du nun ein Teelicht anzündest und in die Dose stellst, strahlt deine Blechlaterne aus allen Löchern.

Bitte unbedingt einen Erwachsenen, dir bei dieser Bastelaufgabe zu helfen!

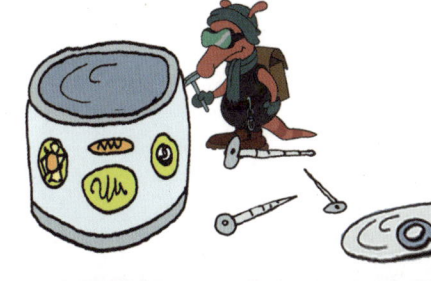

Achtung! Pass auf, dass du dir beim Hämmern nicht auf die Finger klopfst

43

Prillans Riesenüberraschungsei

Prillan legt jeden Tag ein Ei, doch sie würde gerne einmal ein Riesenei haben, so groß wie kein anderes. Natürlich kann kein Huhn so ein Riesenei legen! Aber Prillan verrät dir, wie leicht du dir ein solches Ei selbst basteln kannst.

Materialliste

- Tapetenkleister
- Zeitungspapier
- weißes und farbiges Seidenpapier
- Luftballon
- Pinsel
- Cutter
- Schnur oder Band
- Schale und Holzstab
- Lineal

1. Rühre ein wenig Tapetenkleister in einer Schale an. Während er eindickt, reißt du das Zeitungspapier in etwa 5 x 5 cm große Stücke. Das Seidenpapier reißt du ebenfalls in Stücke, die jedoch doppelt so groß ausfallen sollten.

2. Anschließend bläst du den Luftballon auf und knotest die Tülle zu. Halte den Ballon mit einer Hand am Knoten fest und streiche ihn rundherum bis dicht an die Tülle mit dem vorbereiteten Kleister ein. Darauf klebst du nun die Zeitungspapierschnipsel. Streiche das Papier immer schön glatt.

3. Klebe vier bis fünf Schichten Zeitungspapier übereinander. Darüber kommen dann drei Lagen weißes Seidenpapier. Zu guter Letzt klebst du noch eine Lage aus dem farbigen Seidenpapier darüber. So erhält das Riesenei die gewünschte Farbe.
Nun muss das Ei trocknen. Hänge es dazu am Mundstück an einer Wäscheleine auf.

4. Fühlt sich das Ei richtig steif an, schneidest du das Mundstück ab. Das dadurch entstandene Loch schließt du mit ein wenig Seidenpapier und Kleister.

5. Sobald der Kleister getrocknet ist, kannst du mit dem Cutter behutsam ein kleines Fenster in das Ei schneiden. Stecke eine kleine Überraschung, wie z.B. ein Spielzeugauto, Bonbons oder Miniaturfiguren hinein und überklebe die Schnittstelle nach dem Schließen des Fensters wieder mit etwas Kleister und Seidenpapier. Ist auch diese Stelle getrocknet, kannst du das Riesenüberraschungsei verschenken.

Bitte unbedingt einen Erwachsenen, dir zu helfen!

Minilabyrinth

Eines der Küken hat sich verlaufen. Zeige ihm den richtigen Weg durchs Labyrinth, damit es schnell wieder nach Hause kommt.

Eine Schaukel für Findus

Als Findus einmal ein Kind auf einer Schaukel beobachtet, will er natürlich auch eine haben. Das nötige Material dazu hat Pettersson in seinem Geräteschuppen. Vielleicht hast du Glück und wirst zu Hause ebenfalls fündig. Ansonsten bekommst du das Material im Baumarkt.

Materialliste
- stabiles Holzbrett (20 x 50 cm)
- Bohrmaschine
- Schmirgelpapier
- 2 feste Seile (lang)
- 2 feste Seile (kurz)
- 2 stabile Metallringe

Bitte unbedingt einen Erwachsenen, dir bei dieser Bastelaufgabe zu helfen!

1. Bitte einen Erwachsenen, dir mit der Bohrmaschine an beiden Brettenden je zwei gegenüberliegende Löcher zu bohren. Der Durchmesser der Löcher sollte so groß sein, dass das Seil gerade hindurchpasst. Die Löcher sollten einen Abstand von etwa 3 bis 4 cm zum Rand haben.

2. Anschließend schmirgelst du das Brett mit dem Sandpapier rundherum glatt, sodass keine Splitter mehr abstehen. Die Kanten, auch die der Bohrlöcher, rundest du ab.

3. Nimm eines der beiden langen Seile, knicke es in der Mitte und befestige die Schlaufe in Form einer Doppelschlinge an einem der Metallringe (Anleitung siehe rechte Seite). Mit dem zweiten langen Seil und dem anderen Ring verfährst du genauso.

4. Schiebe die beiden Seilenden von oben durch je ein Loch am einen Ende des Brettes. Sichere sie unter dem Brett mit je einem Achterknoten. Wie der geknüpft wird, erfährst du ebenfalls auf der gegenüberliegenden Seite.

5. Das zweite Seil befestigst du am anderen Ende des Brettes auf dieselbe Weise.

6. Nun brauchst du einen geeigneten Baum mit einem kräftigen, dicken Ast in ausreichender Höhe. Der Abstand zwischen Sitzfläche und Boden sollte mindestens 50 cm betragen.
Mit den beiden kurzen Seilen werden die zwei Metallringe, an denen die Schaukel hängt, am Ast befestigt. Bitte einen Erwachsenen, dies für dich zu machen.
Hängt sie fest und sicher? Dann kann es losgehen: auf die Schaukel – fertig – los!

Die Doppelschlinge

ist einer der einfachsten Knoten. Du hast ihn bestimmt schon oft gemacht! Für die Schaukel schiebst du die Seilschlaufe durch den Metallring und ziehst die beiden Enden durch die Schlaufe.

Der Achterknoten

ist einfach zu erlernen und eignet sich gut dazu, das Ende eines Seiles zu verdicken. Bei der Schaukel sorgt er dafür, dass das Seil nicht aus dem Brett herausrutschen kann.

1. Nimm das Ende des Seils unter dem Brett in die Hand und bilde eine lockere Schlaufe.

2. Lege das Seilende oberhalb der Schlaufe über das Seil, führe es um das Seil herum und schiebe es von vorne durch die Schlaufe. Achte darauf, dass der Knoten einige Zentimeter über dem Seilende sitzt.

3. Ziehe den Knoten ganz fest, damit er sich nicht von alleine lösen kann.

Gut verknotet

Pettersson hat verschiedene Knoten ausprobiert. Wie oft hat er den Achterknoten geknüpft?

Lösung: Zweimal.

Die Schlitterbahn

Das macht Spaß: Findus schlittert durch den Garten! Dabei ist weder Schnee, noch Eis in Sicht. Doch das ist gar nicht nötig, denn Pettersson hat seinem Kater eine tolle Schlitterbahn gebaut! Das ist ganz einfach und geht super- schnell. Pettersson verrät dir, wie es gemacht wird.

Materialliste
- Abdeckfolie (aus dem Baumarkt)
- Stück Kernseife
- Wasser
- Eimer

1. Lege zuerst eine lange Bahn Abdeckfolie auf dem Rasen aus. Gib Acht, dass keine spitzen Gegenstände wie Steinchen oder Stöcke darunter liegen.

2. Anschließend machst du die Folie mit Wasser nass und seifst sie mit etwas Kernseife ein. Schon kann die Schlitterpartie mitten im Sommer beginnen! Am besten ziehst du die Schuhe aus und die Badehose an, bevor du zu einer Rutschpartie über die glitschige Seifenbahn startest.